Key Stage 2 Maths

TESTBOOK **1**

Standard 15 Minute Tests

Dr Stephen C Curran

Edited by Andrea Richardson

This book belongs to

Accelerated Education Publications Ltd

Do your workings on this page

Mark to %	
0	0%
1	7%
2	13%
3	20%
4	27%
5	33%
6	40%
7	47%
8	53%
9	60%
10	67%
11	73%
12	80%
13	87%
14	93%
15	100%

Maths Test 1

1) **32** rounded to the nearest **10** is **30**. Round **67** to the nearest **10**. _____

2) Take **10** from **115**. _____

3) Lucy has **16** marbles and Henry has **23**. How many more marbles does Henry have than Lucy? _____

4) Which shape is a triangle? _____

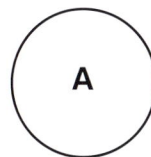  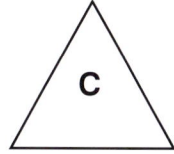

5) **30** pencils were divided equally into **5** boxes. How many pencils were in each box? _____

6) What is the next number? **15, 18, 21,** ___

7) What is **10** more than **92**? _____

8) What time is this? _____ am

9) What is double **13**? _____

10) **14 + 6 + 20 =** ___

11) How many **10**s are in **130**? ___

12) The train was due to arrive at **6.25pm** but was **12** minutes late. When did it arrive? _____

13) What is half of **30**? _____

14) What is the value of the **3** in **391**? _____

15) A jug of orange juice fills **6** glasses. How many glasses will **4** jugs fill? _____

Score ☐ Percentage ☐ %

Do your workings on this page

Mark to %	
0	0%
1	7%
2	13%
3	20%
4	27%
5	33%
6	40%
7	47%
8	53%
9	60%
10	67%
11	73%
12	80%
13	87%
14	93%
15	100%

Maths Test 2

1) Write **seven hundred and three** in figures. _____

2) **4 × 5 = 2 ×** ____

3) What is the value of the **6** in **468**? _____

4) There are **five** rows of **four** milk cartons on a supermarket shelf. **Three** cartons are leaking. How many milk cartons are saleable? ____

5) **35 + 20 + 35 =** ____

6) How many hundreds are there in **591**? ____

7) **14 + 26 + 5 =** ____

8) What is the greatest number that can be made by arranging the digits **7, 2, 9**? _____

9) What time is this?

   _____ pm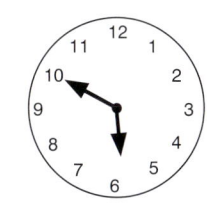

10) What is **30** more than **46**? ____

11) **80 − 9 =** ____

12) Which number is the odd one out?

   11   13   15   16   19   21 _____

13) What is the name of a shape with **5** sides? _____

14) The bus should have left at **10 minutes to 8** in the morning but was **15** minutes late. When did it actually leave? _____ am

15) Which shape is a square? ____

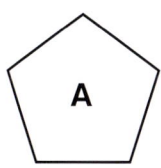
A

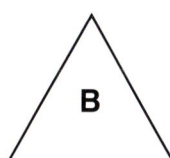
B

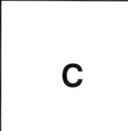
C

Score [ ]   Percentage [ ] %

Do your workings on this page

Mark	to %
0	0%
1	7%
2	13%
3	20%
4	27%
5	33%
6	40%
7	47%
8	53%
9	60%
10	67%
11	73%
12	80%
13	87%
14	93%
15	100%

Maths Test 3

1) What is this shape?
   _____

2) What is $\frac{1}{4}$ of **100**?
   _____

3) **3** girls and **2** boys have saved **£10** each. How much money have they saved altogether? £_____

4) Write this time in figures.
   _____pm

5) Round **55** to the nearest **10**.
   _____

6) What is the value of the **2** in **3,852**? _____

7) Is **16 > 3 × 5**? _____

8) What is $\frac{1}{3}$ of **90**? _____

9) How many **5**s are there in **50**? _____

10) What is the missing number?
    7, 11, ___, 19, 23

11) What is the total of **15**, **20** and **15**? _____

12) How many **100**s are in **2,000**? _____

13) What is the smallest number that can be made by arranging the digits **8**, **3** and **6**? _____

14) Reduce **25** by **9**. _____

15) A survey recorded the pets owned by a year 3 class (each child had only one pet).

Pets	Girls	Boys
Hamsters	6	5
Cats	2	3
Dogs	4	2

a) How many boys owned cats? _____

b) How many children owned hamsters or dogs? _____

c) How many pets did the year 3 class own altogether? _____

Score [ ]   Percentage [ ]%

Do your workings on this page

Mark to %	
0	0%
1	7%
2	13%
3	20%
4	27%
5	33%
6	40%
7	47%
8	53%
9	60%
10	67%
11	73%
12	80%
13	87%
14	93%
15	100%

Maths Test 4

1) What number is at **X** on this number line? _____

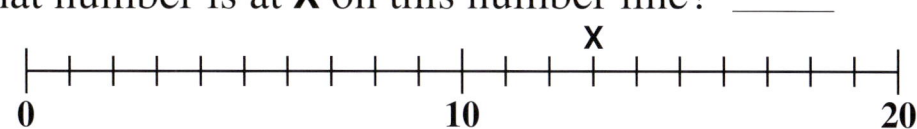

2) What is the missing number?

    27, 24, 21, ___, 15

3) What is $\frac{1}{5}$ of **100**? _____

4) Each face of this cuboid is a two-dimensional shape. What is it called? _____

5) How many sides does an octagon have? _____

6) How would **10.15pm** be written in 24-hour clock? _____

7) What is the total of **13, 12** and **17**? _____

8) What is the value of the **6** in **963**? _____

9) **15 ÷ 3** = _____

10) Round **178** to the nearest **100**. _____

11) What is the largest number that can be made by arranging the digits **6, 9, 2, 4**? _____

12) What is **4** times **25**? _____

13) The children in a year 3 class were asked which core subject they liked best.

Subject	Girls	Boys
Maths	6	8
Science	5	4
English	4	2

   a) How many girls liked science? _____

   b) Did more girls than boys like maths and science? Yes or no. _____

   c) How many children are in the class? _____

14) What is the sum of **12, 8** and **16**? _____

15) How many **100**s are there in **2,800**? _____

Score ☐ Percentage ☐ %

Do your workings on this page

Mark to %	
0	0%
1	7%
2	13%
3	20%
4	27%
5	33%
6	40%
7	47%
8	53%
9	60%
10	67%
11	73%
12	80%
13	87%
14	93%
15	100%

Maths Test 5

1) Find the sum of **10**, **15** and **30**. _____

2) What is the smallest number that can be made by arranging the digits **6, 2, 9**? _____

3) Add **10** to **990**. _____

4) What is **10** less than **205**? _____

5) Round **86** to the nearest **10**. _____

6) $6 \times 5 = 5 \times \underline{}$

7) What is the next number? **23, 19, 15,** ____

8) $5 \times \underline{} = 10 \times 4$

9) How many corners (vertices) does this triangular prism have? ____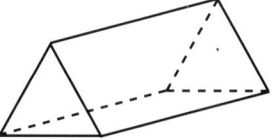

10) Henry is **9** years old. Louis is **3** years younger. How old will Louis be next year? ____

11) What are the first two numbers? ____, ____, **36, 39, 42**

12)
How many more children walk to school than travel by train? ____

13) How would this time in the morning be shown on a digital clock? _____

14) What must be added to **238** to make **300**? ____

15) Lucy shares **200** marbles equally between Adam, Nick, Tim and Carl. How many marbles does each boy receive? ____

Score ____ Percentage ____%

Do your workings on this page

Mark to %	
0	0%
1	7%
2	13%
3	20%
4	27%
5	33%
6	40%
7	47%
8	53%
9	60%
10	67%
11	73%
12	80%
13	87%
14	93%
15	100%

Maths Test 6

1) How many edges does this cuboid have? ____

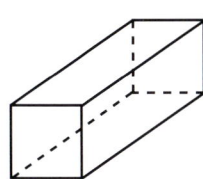

2) What is $\frac{1}{4}$ of **80**? ____

3) What is $\frac{1}{3}$ of **66**? ____

4) Take **10** from **900**. ____

5) Round **72** to the nearest **10**. ____

6) How many minutes are there in $1\frac{1}{4}$ hours? ____

7) Find the value of $6 \times 3 \times 2$ ____

8) What is the sum of **16**, **14** and **23**? ____

9) What is the largest number that can be made by arranging the digits **8**, **4**, **6**, **3**? ____

10)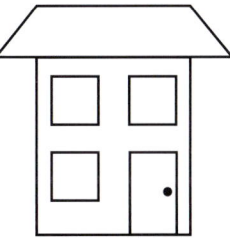
How many horizontal lines are there in the picture above? ____

11) What are the next two numbers?
8, **16**, **24**, **32**, ___, ___

12) What is the difference between **32** and **54**? ____

13) $6 \times 6 = 4 \times$ ____

14) What number is at **X**? ____

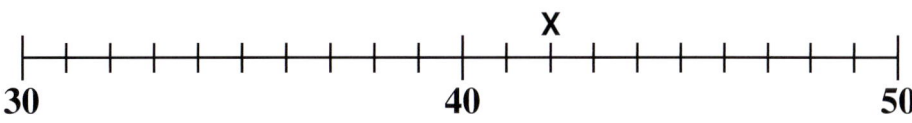

15) Amy has **36** sweets and divides them equally between herself, Sophie and Emily. How many sweets do Sophie and Emily have altogether? ____

Score ____   Percentage ____ %

Do your workings on this page

Mark to %	
0	0%
1	7%
2	13%
3	20%
4	27%
5	33%
6	40%
7	47%
8	53%
9	60%
10	67%
11	73%
12	80%
13	87%
14	93%
15	100%

Maths Test 7

1) $\frac{48}{2} = $ _____

2) A classroom has **5** tables. There are **6** children sitting at each table. How many children are there in the class? _____

3) What is the sum of **14**, **14** and **16**? _____

4) What is the missing number?
19, **26**, _____, **40**, **47**

5) **37** – _____ = **6** × **6**

6) **6** × **7** × **0** = _____

7) Round **121** to the nearest **10**. _____

8) What is the total of **32** and **18**? _____

9) How many seconds are there in **2** minutes? _____

10) What is the time shown on this clock?

_____ pm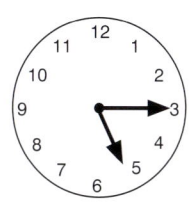

11) What is **100** less than **1,000**? _____

12) What number is at **X**? _____

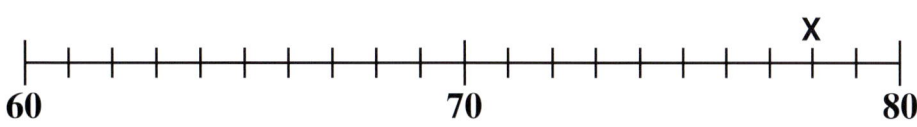

13) Tins of beans are packed in boxes of **6**. How many boxes are needed for **48** tins? _____

14)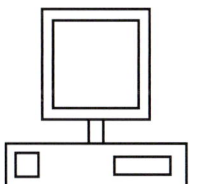

How many vertical lines are there in the picture above? _____

15) What are the next two numbers?
90, **95**, **100**, _____, _____

Score [ ]   Percentage [ ]%

Do your workings on this page

Mark to %	
0	0%
1	7%
2	13%
3	20%
4	27%
5	33%
6	40%
7	47%
8	53%
9	60%
10	67%
11	73%
12	80%
13	87%
14	93%
15	100%

Maths Test 8

1) What is the missing number?

   42, 35, ___, 21, 14

2) What number is **four** times **12**? _____

3) The factors of **8** are as follows: **1, 2, 4** and **8**.
   What are the factors of **9**?
   ___ ___ ___

4) Which number is the odd one out?
   20   22   25   26   28
   _____

5) What is the largest number that can be made by arranging the digits **3, 1, 4, 9**? _____

6) This tally shows **8**: |||| |||
   What number does this tally show? |||| |||| |
   _____

7) Is **11pm** a morning or an evening time? _____

8) What is **quarter past nine am** on a digital clock? _____

9) What number is **five** times **eight**? _____

10) What is the missing number?

    11, 20, 29, ___, 47

11) **63 + ___ = 100**

12) What is $\frac{1}{5}$ of **200**? _____

13) What must be added to **850** to make **1,000**? _____

14) Round **214** to the nearest **10**. _____

15) What shape is this box? A cube or a cuboid?

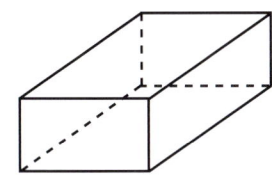

_____

Score [ ]   Percentage [ ]%

Do your workings on this page

Mark to %	
0	0%
1	7%
2	13%
3	20%
4	27%
5	33%
6	40%
7	47%
8	53%
9	60%
10	67%
11	73%
12	80%
13	87%
14	93%
15	100%

Maths Test 9

1) $100 - (20 \times 5) =$ _____

2) What is $\frac{4}{5}$ of **100**? _____

3) What number is at **X**? _____

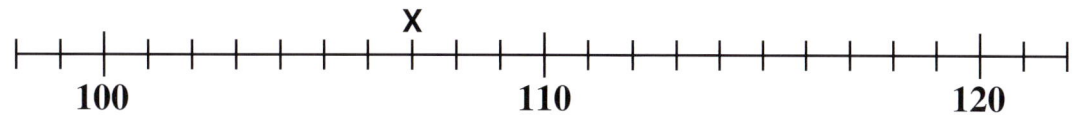

4) **2hrs 30mins** = _____ mins

5) _____ + **9** = **9**

6) Round **137** to the nearest **10**. _____

7) How many faces does a cube have? _____

8) **170 − 6** = _____

9) What are the next two numbers?

    72, 84, 96, _____, _____

10) **24 ÷ 1** = _____

11) A bottle of lemonade fills **6** glasses. How many bottles are needed to fill **30** glasses? _____

12) **32 + 11** = _____

13) **9 × 7 = 58** + _____

14) How many minutes are there in **1hr 40mins**? _____

15) If Mubashir reads **9** pages in **one** hour, how long will it take him to read a book with **54** pages?

    _____ hours

Score _____ Percentage _____ %

Do your workings on this page

Mark to %	
0	0%
1	7%
2	13%
3	20%
4	27%
5	33%
6	40%
7	47%
8	53%
9	60%
10	67%
11	73%
12	80%
13	87%
14	93%
15	100%

Maths Test 10

1) What number does this tally show? 𝍷𝍷𝍷𝍷𝍷 |||| _____

2) How many faces does a triangular prism have? ____

3) Which is the odd one out?
   30 35 40 43 50 55
   _____

4) **29 + 24 + 11 =** _____

5) **7 × 8 =** _____

6) How many edges does a triangular-based pyramid have? ____

7) What number is at **Z**? _____

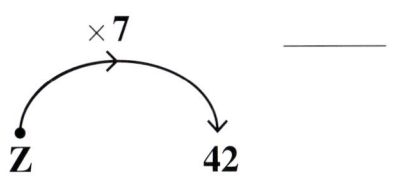

8) Each person in a group of **4** has **3** marbles. How many marbles would **2** groups of people have?
   _____

9) **8 ×** ___ **= 8**

10) What are the first two numbers?
    ___, ___, **45, 60, 75**

11) How many days are there in March? ____

12) What number is at **Y**? _____

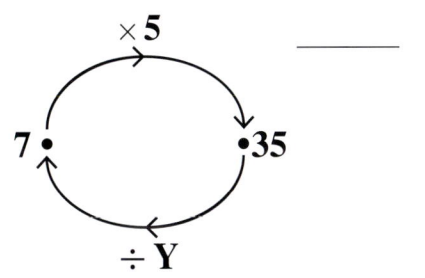

13) What is the missing number?
    175, 150, 125, ___, **75**

14) What is the total of **12, 17** and **18**? ____

15) Which line is parallel to line **Y**?
    _____

Score [ ]   Percentage [ ] %

Do your workings on this page

Mark to %	
0	0%
1	7%
2	13%
3	20%
4	27%
5	33%
6	40%
7	47%
8	53%
9	60%
10	67%
11	73%
12	80%
13	87%
14	93%
15	100%

Maths Test 11

1) Is **5** a factor of **20**? _____

2) **8 × 5 = 24 +** _____

3) **110** minutes = ___hr(s) ___min(s)

4) ___ **× 11 = 0**

5) **44 − 17 =** _____

6) What are the missing numbers?
   112, 114, 116, ___, ___, 122

7) Which sides are parallel in this shape? ___ & ___

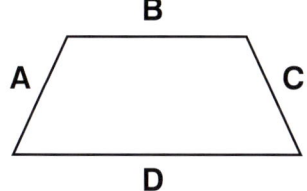

8) What number is at **Z**? _____

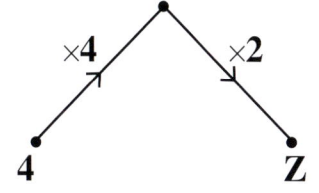

9) Is line **XZ** perpendicular or parallel to line **YZ**?
   _____

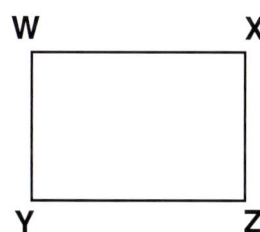

10) **9 × 6 = 63 −** _____

11) **7 × 10 = (7 × 4) + (7 × ___)**

12) How is **ten to 8** in the evening shown on a digital clock?
    _____

13) **60 − (3 × 12) =** _____

14) Is **311 < 279 + 25**? _____

15) What is $\frac{1}{3}$ of **120**? _____

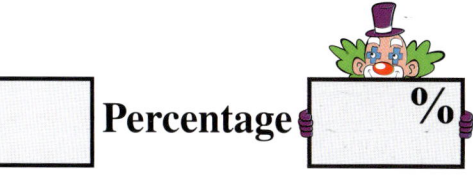

Score ☐ Percentage ☐ %

Do your workings on this page

Mark to %	
0	0%
1	7%
2	13%
3	20%
4	27%
5	33%
6	40%
7	47%
8	53%
9	60%
10	67%
11	73%
12	80%
13	87%
14	93%
15	100%

Maths Test 12

1) What is $\frac{3}{5}$ of **100**? _____

2) $8 \times 6 =$ _____

3) How many minutes are there from **11.30am** to **12.10pm**? _____

4) What are the factors of **8**?
_____ _____ _____ _____

5) $281 \times 9 =$ _____

6) How many hours and minutes are there in **145** minutes?

___hr(s) ___min(s)

7) $80 - (30 \times 2) =$ _____

8) $28 + 22 = 22 +$ _____

9) What number is at **X**? _____

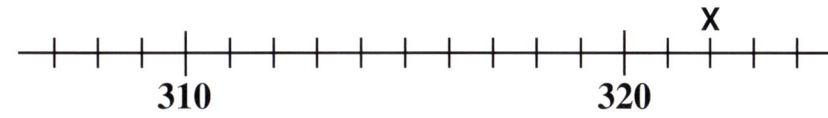

10) What are the missing numbers?

1,025, 1,020, 1,015, _____, _____, **1,000**

11) Is **470 > 440**? _____

12) What is the total of **72, 40** and **8**?
_____

13) What is the next number?
999, 994, 989, _____

14) Each toy train carriage has **6** wheels. How many wheels are there on **6** carriages? _____

15) Which of these shapes have parallel lines?
_____

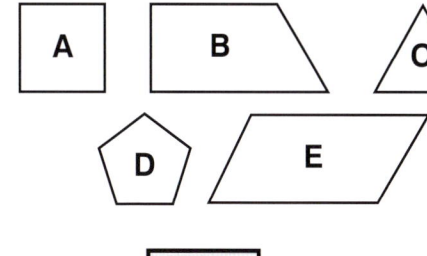

Score [ ] Percentage [ ] %

Do your workings on this page

Mark to %	
0	0%
1	7%
2	13%
3	20%
4	27%
5	33%
6	40%
7	47%
8	53%
9	60%
10	67%
11	73%
12	80%
13	87%
14	93%
15	100%

Maths Test 13

1) Subtract **twenty** from **five** times **nine**. _____

2) What is the missing number?
   12, 24, ____, 48

3) **7 × 9** = _____

4) **37 − 18** = _____

5) What is the greatest remainder you can have when you divide by **4**? _____

6) The product of **6** and **4** is **24**. What is the product of **3** and **9**? _____

7) Which lines make a right angle? _____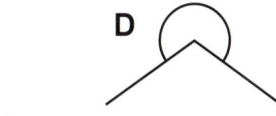

8) What fraction of this hexagon is shaded? _____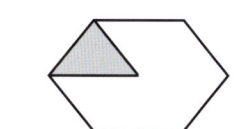

9) What is **eighteen** divided by **three**? _____

10) What number does this tally show? _____

11) A watch shows **8.30am** but it is **12** minutes fast. What time should it show? _____ am

12) **230 + 72 = 72 +** _____

13) How many right angles are there in this shape? _____

14) $\frac{30}{10}$ = _____

15) A TV programme begins at **7.30pm** and finishes at **8.15pm**. How long does the programme last? _____ mins

Score ☐ Percentage ☐ %

Do your workings on this page

Mark to %	
0	0%
1	7%
2	13%
3	20%
4	27%
5	33%
6	40%
7	47%
8	53%
9	60%
10	67%
11	73%
12	80%
13	87%
14	93%
15	100%

Maths Test 14

1) Ali turned **8** in **2001**. In what year was he born? _____

2) Add **14**, **14** and **14**. _____

3) What are the factors of **12**? ___ ___ ___ ___ ___ ___

4) What is the product of **8** and **11**? _____

5) How many days are there altogether in June and July? _____

6) **240 ÷ 10** = _____

7) What is the next number in the series?
   35, 45, 55, 65, ____

8) **12 × 12** = _____

9) What number does this tally show? 卌 卌 III
   _____

10) **100 − (17 × 3)** = _____

11) **54 ÷ ___ = 6**

12) What is the **9th** month of the year? _____

13) Rachel arrived at school at **9.20am**. School starts at **8.55am**. How many minutes late was she? _____ mins

14) How many acute angles are there in this triangle?
    _____

15) Some sweets were shared amongst **7** children. Each child received **three** sweets and there were **6** sweets left over. How many sweets were there altogether? _____

Score [ ]   Percentage [ ] %

Do your workings on this page

Mark to %	
0	0%
1	7%
2	13%
3	20%
4	27%
5	33%
6	40%
7	47%
8	53%
9	60%
10	67%
11	73%
12	80%
13	87%
14	93%
15	100%

Maths Test 15

1) What fraction of this shape is shaded? ____ (Simplify fraction.)

2) Ryan was born on the **1st** of May **1998**. How old was he on the **1st** of May **2006**? ____

3) **42 ÷ 1 =** ____

4) How many days does February have in a leap year? ____

5) What is the sum of **12**, **18** and **14**? ____

6) A teacher needs **95** pencils. She has **two** boxes of pencils with **32** in each box. How many more pencils does she need? ____

7) What number is at **X**? ____

   340 ———————X———————— 360

8) **3 × 200 =** ____

9) **70 − ___ = 8 × 5**

10) What number can be divided by **8** exactly **six** times? ____

11) What is the missing number?

    30, 50, 70, ___, 110

12) Is **110 > 21 × 5**? ____

13) A film starts at **9.00pm** and finishes at **10.50pm**. How long is the film? ____hr(s) ____min(s)

14) Write this morning time on the digital clock.

    ___ : ___

15) How many obtuse angles are in this parallelogram? ____

Score ____ Percentage ____%

Do your workings on this page

Mark to %	
0	0%
1	7%
2	13%
3	20%
4	27%
5	33%
6	40%
7	47%
8	53%
9	60%
10	67%
11	73%
12	80%
13	87%
14	93%
15	100%

Maths Test 16

1) What is the missing number? **20, 60, 100, ____, 180**

2) What is the product of **7** and **9**? ____

3) How is **7 minutes to midday** shown on a digital clock? ____

4) **72 – 22 =** ____

5) What number can be divided by **9** exactly **ten** times? $9\overline{)10}$

6) How many days are there in November? ____

7) If it is the **13th** of January today, how many more days are there in the month? ____

8) Is **600 > 61 × 10**? ____

9) What fraction of this box is shaded? ____

10) Which shape is a hexagon? ____

    A (triangle) B (pentagon) C (hexagon) D (trapezium)

11) How is **ten to 11** at night shown on a 12-hour clock? ____

12) How many right angles are there in this drawing? ____

13) What is the next number in the series?

    32, 52, 72, 92, ____

14) A train left at **10.15am**. It arrived at the next station at **11.05am**. How long did the journey take? ____mins

15) **14 + 27 + 8 =** ____

Score ____ Percentage ____%

Do your workings on this page

Mark to %	
0	0%
1	7%
2	13%
3	20%
4	27%
5	33%
6	40%
7	47%
8	53%
9	60%
10	67%
11	73%
12	80%
13	87%
14	93%
15	100%

Maths Test 17

1) Is **625 > 209 × 3**? _____

2) What are the next two numbers?
   175, 165, 155, ___, ___

3) **3** people travel in each car. There are **27** people. How many cars are needed? _____

4) What is the sum of **33, 18** and **24**? _____

5) Which is greater $\frac{1}{4}$ or $\frac{3}{8}$? _____

6) Write $\frac{1}{2}$ as a decimal. _____

7) (20 × 4) − 40 = _____

8)

	bike	car	bus
girls	||	|||||	||||
boys	|||||	||||| ||	||

a) How many girls travel to school by bus? _____

b) How many children are there altogether? _____

9) How many months are there in **half** a year? _____

10) How is **15 minutes to 6** in the morning shown on a digital clock? _____

11) 10 × 52 = _____

12) $\frac{1}{4}$ of **16** = 16 ÷ _____

13) (32 × 3) − 25 = _____

14) How many acute angles are there in this kite? _____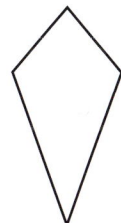

15) What fraction of this shape is shaded? _____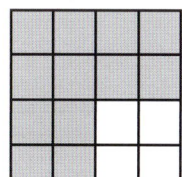

Score [   ] Percentage [   ] %

Do your workings on this page

Mark	to %
0	0%
1	7%
2	13%
3	20%
4	27%
5	33%
6	40%
7	47%
8	53%
9	60%
10	67%
11	73%
12	80%
13	87%
14	93%
15	100%

Maths Test 18

1) What number is at **X**? _____

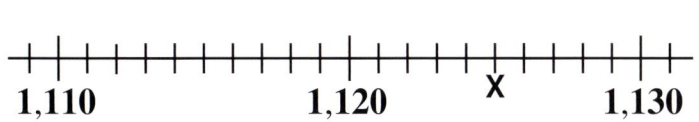

2) How many days are there in March? _____

3) Add **13**, **15** and **17**. _____

4) A pizza is partly eaten. The shaded part is left. What fraction is this? _____

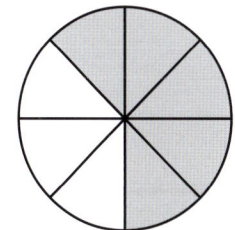

5) How many complete weeks are there in **40** days? _____

6) How many **halves** are there in **6** oranges? _____

7) What is the missing number? **115**, **130**, **145**, ____, **175**

8) Add the even numbers together.

11 12 13 14 15 16 17 18

_____

9) How much greater is **102** than **10**?

_____

10) Cans are packed in boxes of **10**. How many boxes are needed for **170** cans? _____

11) 24 + 11 + 31 = _____

12) Is **136 > 12 × 12**? _____

13) A radio programme started at **9pm** and finished at **11.15pm**. How long did it last? ____hr(s) ____min(s)

14) How many right angles are there in this drawing? _____

15) **32 ÷ 8** = _____

Score ☐ Percentage ☐ %

Do your workings on this page

Mark to %	
0	0%
1	7%
2	13%
3	20%
4	27%
5	33%
6	40%
7	47%
8	53%
9	60%
10	67%
11	73%
12	80%
13	87%
14	93%
15	100%

Maths Test 19

1) $30 \times 10 =$ _____

2) What is the sum of 24, 26 and 30? _____

3) Is $75 \times 3 > 230$? _____

4) What is the missing number?

   43, 63, ____, 103

5) What number is at **X**? _____

   (number line from 3,000 to 3,010 with X marked)

6) How many minutes are there in **3** hours? _____

7) A football match starts at **3.50pm** and lasts **90** minutes. What time will it finish? _____

8) What is the missing number?

   291, 301, ____, 321

9) Is $25 \times 6 > 145$? _____

10) Each line adds up to **18**. What is the value of **A**? _____

6	8	4
4	6	A
8	4	6

11) $1 = \frac{5}{5}$ $1 - \frac{4}{5} =$ _____

12) Add the odd numbers.

    29 30 31 32 33 34 35

    _____

13) Rebecca is **16** years old. She is $\frac{1}{3}$ of her mother's age. How old is her mother? _____

14) Crimson Crescent has **18** houses. **2** of them are empty. **11** have **2** people living in them. **5** have **3** people living in them. How many people live in Crimson Crescent? _____

15) A number that has no factors except **1** and itself is a prime number. Which of these are prime numbers? **2 5 12 13**

    _____

Score [ ]   Percentage [ ] %

Do your workings on this page

Mark to %	
0	0%
1	7%
2	13%
3	20%
4	27%
5	33%
6	40%
7	47%
8	53%
9	60%
10	67%
11	73%
12	80%
13	87%
14	93%
15	100%

Maths Test 20

1) What fraction of a year is **1** month? _____

2) $0.1 = \frac{1}{10}$, $0.3 = \frac{3}{10}$, $0.9 = \frac{?}{10}$ _____

3) Are the angles inside a rectangle obtuse, acute or right angles? _____

4) Each line adds up to **15**. What are the values of **A** and **B**?
A = _____
B = _____

5	B	4
A	5	6
6	4	5

5) What is the missing number?
750, 950, ___, 1,350

6) $200 - (6 \times 25) =$ _____

7) How many vertical lines are there in this drawing? _____

8) If today is Wednesday, what day will it be in **10** days' time? _____

9) What number does this tally show? |||| |||| |||| |||| |||| || _____

10) Write **two thousand and sixty-five** in figures. _____

11) Is $16 \times 5 < 85$? _____

12) Which is the **8th** month? _____

13) Subtract **seventeen** from **three fifteens**. _____

14) A normal human heart beats **72** times a minute. How many times would it beat in **3** minutes? _____

15) A jar of coffee granules holds enough for **28** cups. It is $\frac{3}{4}$ full. How many cups of coffee can be made? _____

Score _____ Percentage _____ %

Do your workings on this page

Mark to %	
0	0%
1	7%
2	13%
3	20%
4	27%
5	33%
6	40%
7	47%
8	53%
9	60%
10	67%
11	73%
12	80%
13	87%
14	93%
15	100%

Maths Test 21

1) $\frac{3}{4} = 0.$ _____

2) What are the factors of **21**? __ __ __ __

3) $13 + 20 +$ ___ $= 38$

4) Is $26 \times 5 > 140$? _____

5) The train should have left at **15 minutes past two** in the afternoon but was **20** minutes late. It left at _____ pm.

6) What are the values of **A** and **B**?

   A = ___
   B = ___

7	A	11
12	8	4
5	10	B

7) Are the angles inside an equilateral triangle right angles, acute or obtuse? _____

8) Which of these numbers are prime?

   9   11   17   20   24

   _____

9) $3\frac{1}{4} = 3 + 0.$ _____

10) $\frac{1}{2} - \frac{1}{4} =$ ___

11) What is the missing number? **1,075,** _____, **1,025, 1,000, 975**

12) What is the value of the **9** in **2,941**? _____

13) What are the factors of **28**? __ __ __ __ __ __

14) How many hours are between **midnight** on Thursday and **midday** on Saturday? _____

15) Juice cartons are stored in crates. Each crate holds **15** cartons. How many cartons are stored in **8** crates? _____

Score _____   Percentage _____ %

Do your workings on this page

Mark to %	
0	0%
1	7%
2	13%
3	20%
4	27%
5	33%
6	40%
7	47%
8	53%
9	60%
10	67%
11	73%
12	80%
13	87%
14	93%
15	100%

Maths Test 22

1) Add the even numbers: **36 37 38 39 40** _____

2) If tomorrow is Tuesday, what day will it be in **three** weeks from yesterday? _____

3) $(4 \times 3) + (3 \times 4) =$ _____

4) What number is at **Y**? _____

5) $1 - 0.8 =$ _____

6) Jenny has to share her box of **56** biscuits equally between her **8** friends. How many biscuits do they each receive? _____

7) ___ $\div 9 = 10$

8) Write three numbers that have **2** as a factor.

___ ___ ___

9) $1\frac{1}{4} = \frac{?}{4}$ _____

10) $0.5 + 0.5 =$ _____

11) $14 \times$ ___ $= 14$

12) $38 \times 24 = (38 \times 20) + (38 \times$ ___$)$

13) What are the values of **A** and **B**?

   A = ___
   B = ___

12	A	8
5	9	13
10	B	6

14) Add together the even numbers between **5** and **13**. _____

15) What number does this tally show? 𝍷𝍷𝍷𝍷𝍷 𝍷𝍷𝍷𝍷𝍷 𝍷𝍷𝍷𝍷𝍷 𝍷𝍷 _____

Score ___ Percentage ___ %

Do your workings on this page

Mark to %	
0	0%
1	7%
2	13%
3	20%
4	27%
5	33%
6	40%
7	47%
8	53%
9	60%
10	67%
11	73%
12	80%
13	87%
14	93%
15	100%

Maths Test 23

1) Write **1,230** in words. _____

   _____

2) Inside each packet are **14** balloons. How many balloons are there in **7** packets? _____

3) **1 − 0.25 =** _____

4) $3\overline{)12}^{\,4}$ $5\overline{)25}^{\,?}$ _____

5) What is the missing number?

   615, 715, 815, ___, 1,015

6) $3 = \frac{?}{10}$ _____

7) Write the number **one thousand, five hundred and eleven** in figures. _____

8) What is the product of **6** and **7**? _____

9) What is the largest number that can be made by arranging the digits **2, 7, 3, 9**? _____

10) How many full weeks are there in **365** days? _____

11) What is **10** multiplied by **58**? _____

12) How many **twelves** are there in **108**? _____

13) **1 = 8 ÷** _____

14) How many **5**s are there in **450**? _____

15) What are the odd numbers between **52** and **64**?

   ____ ____ ____ ____ ____ ____

Score ☐   Percentage ☐ %

Do your workings on this page

Mark to %	
0	0%
1	7%
2	13%
3	20%
4	27%
5	33%
6	40%
7	47%
8	53%
9	60%
10	67%
11	73%
12	80%
13	87%
14	93%
15	100%

Maths Test 24

1) 630 − 99 = _____

2) What are the factors of **24**?
   __ __ __ __ __ __ __ __

3) How many **tenths** are there in **9.8**? _____

4) What is **10%** of **90**? _____

5) Ben turned **17** in **1996**. In what year was he born? _____

6) How many horizontal lines are there in this drawing? _____

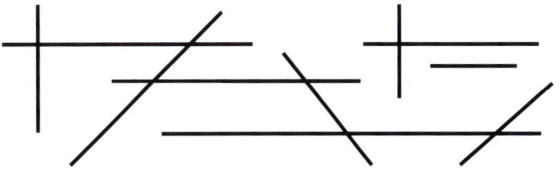

7) How many hours past **midnight** is **4.00am**? _____

8) What must be added to **5.34** to make **8**? _____

9) Darren has **250** marbles. If Veronica has **75** more than Darren, how many marbles does Veronica have? _____

10) A prime number has only two factors: itself and **1**. **3** is a prime number. Is **19** a prime number? _____

11) **30** sweets were shared between Emma and Ryan. Emma was given **6** more than Ryan. What was Ryan's share? _____

12) **Seven** times a number is **56**. What is the number? _____

13) A bus left at **10.20am**. It took **13 minutes** to get to the first bus stop, then another **five minutes** to get to the next one. At what time did it arrive at the second bus stop? _____am

14) $3 - 1\frac{3}{10} =$ _____

15) What is **five-tenths** of **80**? _____

Score ☐ Percentage ☐ %

Do your workings on this page

Mark to %	
0	0%
1	7%
2	13%
3	20%
4	27%
5	33%
6	40%
7	47%
8	53%
9	60%
10	67%
11	73%
12	80%
13	87%
14	93%
15	100%

Maths Test 25

1) Which of these are prime numbers?

   12   13   15   21   23

   _____

2) How many hours are there in **4** days? _____

3) Take **3.4** from **5.5**. _____

4) A classroom had **32** chairs and **three-quarters** of them were blue. How many blue chairs were there? _____

5) This bar chart shows the favourite colours of year 3 pupils.

   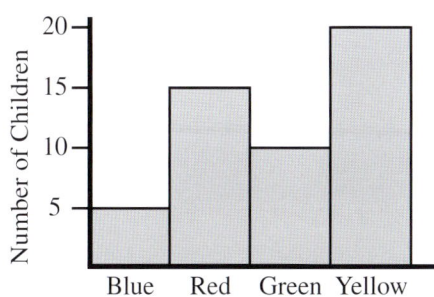

   a) What is the least popular colour? _____

   b) How many children like red or green? _____

6) If yesterday was Wednesday, what day was it **five** days ago? _____

7) Are these lines parallel? _____

8) How many hours of the day have passed at **2pm**? _____

9) What number is halfway between **32** and **42**? _____

10) Which drawing is symmetrical? _____

      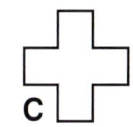 
    A   B   C   D

11) Tom has **75** stamps and James has **50** less than Tom. Peter has **13** less than James. How many stamps does Peter have? _____

12) **240 ÷ 10 =** _____

13) How many **tenths** are in **5.2**? _____

14) Take **four hundred** from **two thousand, five hundred and six**. _____

15) $\frac{5}{?} = 1$ _____

Score _____   Percentage _____ %

Do your workings on this page

Mark to %	
0	0%
1	7%
2	13%
3	20%
4	27%
5	33%
6	40%
7	47%
8	53%
9	60%
10	67%
11	73%
12	80%
13	87%
14	93%
15	100%

Maths Test 26

1) **3.5 + 6 + 1.5** = _____

2) Which line is parallel to **A**? _____

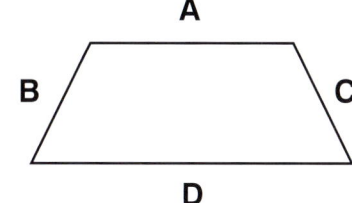

3) Which of these are prime numbers?
   2   4   9   17
   _____

4) Add up the odd numbers:
   12   19   24   15   3 _____

5) How many seconds are there in **5** minutes? _____

6) How many hours are there in **one** week? _____

7) What are the values of **A** and **B**?
   A = _____
   B = _____

A	B	12
12	11	10
10	12	11

8) What number is halfway between **56** and **66**? _____

9) $\frac{470}{10}$ = _____

10) If **three** times a number is **27**, what is **four** times that number? _____

11) **1000 − (25 × 6)** = _____

12) $\frac{6}{12} = \frac{1}{?}$ _____

13) What number when divided by **7** gives an answer of **7**? _____

14) Kate turned **27** in **2004**. In what year was she born? _____

15) Is this triangle equilateral, scalene or isosceles?
    _____

Score ☐   Percentage _____ %

Do your workings on this page

Mark to %	
0	0%
1	7%
2	13%
3	20%
4	27%
5	33%
6	40%
7	47%
8	53%
9	60%
10	67%
11	73%
12	80%
13	87%
14	93%
15	100%

Maths Test 27

1) Take **three thousand** from **11,000**. _____

2) How many right angles are there in this drawing? _____

3) $0.5 = \frac{4}{?}$ _____

4) $8 - 0.75 =$ _____

5) A football match lasts **90** minutes. If it starts at **2.30pm** and **10** minutes are allowed for half time, what time should it finish? _____pm

6) How long is it from **ten minutes to six** until **ten minutes past six**? _____mins

7) What number when divided by **8** gives an answer of **8**? _____

8) $6\overline{)42}$ = ? _____

9) Add the even numbers between **41** and **47**. _____

10) $\frac{1}{6}$ of an hour = ___ minutes

11) What is the smallest number that can be made by arranging the digits **3, 9, 8, 1**? _____

12) How many acute angles does this drawing have? _____

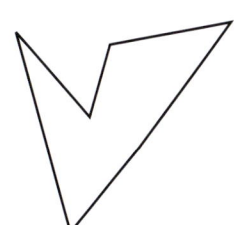

13) $3\frac{3}{5} = \frac{?}{5}$ _____

14) How is **ten to 8** in the morning shown on a digital clock? _____

15) How many days are there altogether in September and November? _____

Score ☐ Percentage ☐ %

Do your workings on this page

Mark to %	
0	0%
1	7%
2	13%
3	20%
4	27%
5	33%
6	40%
7	47%
8	53%
9	60%
10	67%
11	73%
12	80%
13	87%
14	93%
15	100%

Maths Test 28

1) $100 - \underline{} = 25 \times 3$

2) $5 \times 5 \times 5 = \underline{}$

3) What number when divided by **9** gives an answer of **9**? ____

4) Mark waited **25** minutes for a taxi. It arrived at **6.10pm**. When did he start waiting? _____pm

5) This bar chart shows the favourite fruits of some year 3 pupils.

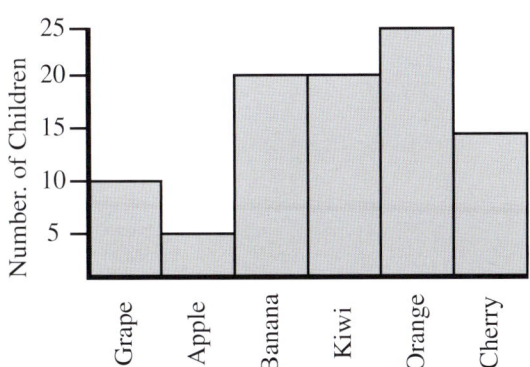

   a) Which fruit is the most popular? _____

   b) Do more people like grapes and apples than bananas? _____

6) $4 - 2.9 = \underline{}$

7) What is the next number?

   3, 4, 6, 9, 13, ___

8) $32 + 17 + 43 = \underline{}$

9) To find the average of two numbers, add the two numbers together then divide the total by **2**. What is the average of **7** and **11**? ___

10) What are the factors of **25**?

    ___ ___ ___

11) If **A = 3**, **B = 4** and **C = 5**, what is **A × B × C**?

    _____

12) $10 - 7\frac{1}{2} = \underline{}$

13) What is double **6** times **6**? ____

14) How is **25 minutes to 9** in the morning shown on a digital clock? _____

15) How many odd numbers are there between **50** and **60**? ____

Score ☐ Percentage ☐ %

Do your workings on this page

Mark to %	
0	0%
1	7%
2	13%
3	20%
4	27%
5	33%
6	40%
7	47%
8	53%
9	60%
10	67%
11	73%
12	80%
13	87%
14	93%
15	100%

Maths Test 29

1) Find the average of **16**, **18** and **20**. _____

2) If $\frac{1}{2}$ a box contains **30** marbles, how many marbles are there in $\frac{1}{4}$ of the box? _____

3) This pie chart shows how John spent his day.

   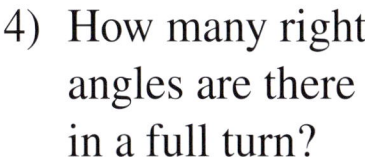

   a) Did he sleep for more than half the day? _____
   b) What did John spend the least time doing? _____

4) How many right angles are there in a full turn? _____

   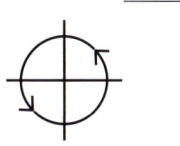

5) What is the next prime number after **7**? _____

6) How many groups of **4** can be made with **29** children? _____

7) How many days are there altogether in March, April and May? _____

8) Subtract **0.1** from **1.0**. _____

9) How far from the nearest thousand is **1,850**? _____

10) **30** – **3.0** = _____

11) **25** × _____ = **100**

12) In one hour these vehicles passed the school: **4** buses, **25** cars, **9** bikes and **7** lorries. How many vehicles passed altogether? _____

13) What is the product of **5, 4** and **4**? _____

14) Add the odd numbers between **12** and **18**. _____

15) What is the value of the **6** in **67.3**? _____

Score _____ Percentage _____ %

Do your workings on this page

Mark to %	
0	0%
1	7%
2	13%
3	20%
4	27%
5	33%
6	40%
7	47%
8	53%
9	60%
10	67%
11	73%
12	80%
13	87%
14	93%
15	100%

Maths Test 30

1) How many minutes are there in **3** hours **5** minutes? _____

2) $6\overline{)}$ with **6** on top and **?** inside. What is the missing number? _____

3) What is the smallest number that has **3** and **2** as its factors? _____

4) **Four** slices of pizza fill a plate. How many plates are needed for **35** slices? _____

5) Is a square made up of two isosceles triangles? _____

6) If **A = 1, B = 2, C = 3, D = 4** and **E = 5**, what is **C + E + A**? _____

7) Take **100** away from the biggest number.
   1,673   1,637   1,736 _____

8) (**49 ÷ 7**) × **7** = _____

9) The houses in a street are numbered **1** to **29** on one side and **2** to **30** on the other side.
   a) What number is the **6th** house on the even side? _____
   b) What house does it face on the other side? _____

10) Which of these letters are symmetrical?
    N   E   G   L
    _____

11) What is the greatest number that can be made by arranging the digits **4, 1, 8, 7, 3**? _____

12) What is the product of **9** and **8**? _____

13) What is the average of **19, 11** and **15**? _____

14) Round **7,531** to the nearest thousand. _____

15) Write three numbers that have **4** as a factor.
    _____ _____ _____

Score [   ]   Percentage [   ]%

Do your workings on this page

Mark	to %
0	0%
1	7%
2	13%
3	20%
4	27%
5	33%
6	40%
7	47%
8	53%
9	60%
10	67%
11	73%
12	80%
13	87%
14	93%
15	100%

Maths Test 31

1) **6 × 6 × 6** = _____

2) **7 − 4.7** = _____

3) What are the factors of **30**?
__ __ __ __ __ __ __ __

4) Find the average of **8**, **4** and **15**. _____

5) If **A = 4**, **B = 5** and **C = 6**, what is **A × B × C**? _____

6) What is double **8** times **8**? _____

7) Add together the odd numbers between **20** and **30**. _____

8) How is **20 minutes to 7** in the morning shown on a digital clock?
_____

9) What is the next number?
12, 17, 22, 27, _____

10) **28 + 17 + 42** = _____

11) $15 - 8\frac{1}{2}$ = _____

12) John waited **50** minutes for the bus to arrive. It arrived at **10.40am**. At what time did he start waiting?
_____

13) **80 −** _____ **= 15 × 3**

14) **174 − 128** = _____

15) If **half** a box of chocolates contains **36** chocolates, how many chocolates are there in $\frac{3}{4}$ of the box? _____

Score ☐ Percentage ☐ %

Do your workings on this page

Mark to %	
0	0%
1	7%
2	13%
3	20%
4	27%
5	33%
6	40%
7	47%
8	53%
9	60%
10	67%
11	73%
12	80%
13	87%
14	93%
15	100%

© 2011 Stephen Curran

Maths Test 32

1) Which of these are prime numbers?
   12 7 19 24 9
   _____

2) This pie chart shows the choices of favourite fruit, by proportion, made by a class of year 3 children.

   a) Which is the favourite fruit? _____

   b) Which is the least favourite fruit? _____

3) Find the average of **26**, **38**, **20** and **12**. _____

4) How many days are there altogether in September, October and November? _____

5) Round **2,687** to the nearest thousand. _____

6) **40 – 4.0 =** _____

7) What is the product of **7**, **8** and **20**? _____

8) Add the odd numbers between **16** and **24**. _____

9) How many groups of **6** can be made with **41** children? _____

10) What is the value of the **3** in **19.32**? _____

11) What is **3.0** less **0.6**? _____

12) How many minutes are there in $5\frac{1}{2}$ hours? _____

13) **6** cupcakes fit in **1** dish. How many dishes are needed to fit **50** cupcakes? _____

14) Take **70** away from the greatest number.
    1,243   1,324   1,432   1,423
    _____

15) **(64 ÷ 8) × 8 =** _____

Score [   ]   Percentage [   ]%

Do your workings on this page

Mark to %	
0	0%
1	7%
2	13%
3	20%
4	27%
5	33%
6	40%
7	47%
8	53%
9	60%
10	67%
11	73%
12	80%
13	87%
14	93%
15	100%

© 2011 Stephen Curran

Maths Test 33

1) Round **8,321** to the nearest thousand. _____

2) What is the average of **17**, **13** and **18**? _____

3) What is the product of **12** and **9**? _____

4) _____ ÷ 7 = 7

5) Write three numbers that have **7** as a factor. ___ ___ ___

6) How is **20 minutes to 11** in the evening shown on a 24-hour clock? _____

7) How many days are there altogether in January, February and March in a leap year? _____

8) Which of these letters have right angles?

   N L G T W _____

9) What is the average of **9**, **13** and **11**? _____

10) How many days are there in November? _____

11)  This shape is a _____.
    (cone, cube, pyramid, cylinder)

12) What is the next number?
    37, **33**, **29**, **25**, _____

13) How many **twos** are there in **38**? _____

14) Double **23** and add **10**. _____

15) How many days are there in **6** weeks? _____

Score [ ]   Percentage [ ]%

Do your workings on this page

Mark to %	
0	0%
1	7%
2	13%
3	20%
4	27%
5	33%
6	40%
7	47%
8	53%
9	60%
10	67%
11	73%
12	80%
13	87%
14	93%
15	100%

Maths Test 34

1) If **A** = **5**, **B** = **7**, **C** = **9** and **D** = **11**, what is (**A** × **B**) − **D**? _____

2) $\frac{35}{5}$ = ____

3) A box holds **14** plastic cups. How many boxes will be needed to hold **56** plastic cups? _____

4) **11.0** − **1.1** = _____

5) What is $\frac{2}{3}$ of **57**? _____

6) Write the number **one thousand and forty-two** in figures. _____

7) What is the sum of **63** and **59**? _____

8) What is the smallest number that can be made by arranging the digits **9, 3, 5, 7, 1**? _____

9) What is the next number?

   36, 43, 49, 54, _____

10) What is the next prime number after **23**? _____

11) Which of the following are multiples of **4**?

    8   13   26   16 _____

12) What is the value of the **8** in **89.34**? _____

13) Round **24** to the nearest **10**. _____

14) How many groups of **3** can be made with **41** counters? _____

15) **24** ÷ **7** = ____ rem. ____

Score [ ]   Percentage [ ] %

Do your workings on this page

Mark to %	
0	0%
1	7%
2	13%
3	20%
4	27%
5	33%
6	40%
7	47%
8	53%
9	60%
10	67%
11	73%
12	80%
13	87%
14	93%
15	100%

Maths Test 35

1) 4 ÷ 10 = _____

2) Round **765** to the nearest **10**. _____

3) **5** and **3** are a pair of factors of **15**. Name a pair of factors of **24**.

   ___ and ___

4) What is the next number?

   34, 45, 56, 67, _____

5) Jane waited **35** minutes for her morning train. The train arrived at **8.20am**. At what time did Jane start waiting for the train?

   _____am

6) Subtract **150** from the smallest number.

   1,463   1,346   1,684   1,364

   _____

7) 12 × 10 = 3 × _____

8) 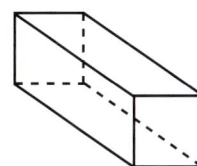 What is this shape? _____

   (cylinder, cone, cube, cuboid)

9) Add the odd numbers between **14** and **22**. _____

10) How many hours are there in **6** days? _____

11) Lizzie spends **1 and a half** hours a day practising her piano pieces. How many hours does she spend practising from Monday to Friday? _____

12) $\frac{34}{2} \times 2$ = _____

13) Write, in figures, the number that is **eighteen** less than **two thousand**.

    _____

14) Subtract **18** from **47**. _____

15) $\frac{3}{5}$ of **80** = _____

Do your workings on this page

Mark to %	
0	0%
1	7%
2	13%
3	20%
4	27%
5	33%
6	40%
7	47%
8	53%
9	60%
10	67%
11	73%
12	80%
13	87%
14	93%
15	100%

Maths Test 36

1) Is $24 \times 4 > 97$? _____

2) True or false?
$27 \times 2 = 2 \times 10 + 35$
_____

3) What is the value of the **9** in **3,897**? _____

4) How many hours are there between **midday** on Friday and **midnight** on Monday?
_____

5) Cans of drinks are stored in crates. Each crate holds **14** cans of drink. How many cans are stored in **12** crates?
_____

6) $24 + 43 +$ ___ $= 95$

7) Daniel has to share his box of **68** sweets equally between his **four** cousins. How many sweets do they each receive? _____

8) Draw a tally to show the number **38**.

9) If tomorrow is Friday, what day will it be **two** weeks from yesterday?
_____

10) ___ $\div 13 = 8$

11) $2\frac{1}{4} = \frac{?}{4}$ ___

12) What is **100** multiplied by **74**? _____

13) How many **twelves** are there in **240**?
_____

14) What is the product of **9**, **14** and **3**? _____

15) How many days are there altogether in the months beginning with J and M? _____

Score ☐   Percentage ☐ %

Notes

Answers

*Key Stage 2 Maths
Year 3/4 Testbook 1*

Test 1
1) 70
2) 105
3) 7
4) C
5) 6
6) 24
7) 102
8) 12.45am
9) 26
10) 40
11) 13
12) 6.37pm
13) 15
14) 300 or 3 hundreds
15) 24

Test 2
1) 703
2) 10
3) 60 or 6 tens
4) 17
5) 90
6) 5
7) 45
8) 972
9) 5.50pm
10) 76
11) 71
12) 16
13) pentagon
14) 8.05am
15) c

Test 3
1) cone
2) 25
3) £50
4) 11.45pm
5) 60
6) 2 units or 2
7) yes
8) 30
9) 10
10) 15
11) 50
12) 20
13) 368
14) 16
15) a) 3 b) 17 c) 22

Test 4
1) 13
2) 18
3) 20
4) rectangle / oblong
5) 8
6) 22:15
7) 42
8) 60 or 6 tens
9) 5
10) 200
11) 9,642
12) 100
13) a) 5 b) no c) 29
14) 36
15) 28

Test 5
1) 55
2) 269
3) 1,000
4) 195
5) 90
6) 6
7) 11
8) 8
9) 6
10) 7
11) 30, 33
12) 8
13) 02:15
14) 62
15) 50

Test 6
1) 12
2) 20
3) 22
4) 890
5) 70
6) 75
7) 36
8) 53
9) 8,643
10) 10
11) 40, 48
12) 22
13) 9
14) 42
15) 24

Test 7
1) 24
2) 30
3) 44
4) 33
5) 1
6) 0
7) 120
8) 50
9) 120
10) 5.15pm
11) 900
12) 78
13) 8
14) 12
15) 105, 110

Test 8
1) 28
2) 48
3) 1, 3, 9
4) 25
5) 9,431
6) 11
7) evening
8) 09:15
9) 40
10) 38
11) 37
12) 40
13) 150
14) 210
15) cuboid

Test 9
1) 0
2) 80
3) 107
4) 150
5) 0
6) 140
7) 6
8) 164
9) 108, 120
10) 24
11) 5
12) 43
13) 5
14) 100
15) 6 hours

Test 10
1) 9
2) 5
3) 43
4) 64
5) 56
6) 6
7) 6
8) 24
9) 1
10) 15, 30
11) 31
12) 5
13) 100
14) 47
15) Z

Key Stage 2 Maths
Year 3/4 Testbook 1

Answers

Test 11
1) yes
2) 16
3) 1hr 50mins
4) 0
5) 27
6) 118, 120
7) B & D
8) 32
9) perpendicular
10) 9
11) 6
12) 19:50
13) 24
14) no
15) 40

Test 12
1) 60
2) 48
3) 40mins
4) 1, 2, 4, 8
5) 2,529
6) 2hrs 25mins
7) 20
8) 28
9) 322
10) 1,010, 1,005
11) yes
12) 120
13) 984
14) 36
15) A, B, E

Test 13
1) 25
2) 36
3) 63
4) 19
5) 3
6) 27
7) C
8) $1/6$

9) 6
10) 17
11) 8.18am
12) 230
13) 16
14) 3
15) 45mins

Test 14
1) 1993
2) 42
3) 1, 2, 3, 4, 6, 12
4) 88
5) 61
6) 24
7) 75
8) 144
9) 13
10) 49
11) 9
12) September
13) 25mins
14) 2
15) 27

Test 15
1) $2/5$
2) 8
3) 42
4) 29
5) 44
6) 31
7) 352
8) 600
9) 30
10) 48
11) 90
12) yes
13) 1hr 50mins
14) 09:30
15) 2

Test 16
1) 140
2) 63
3) 11:53
4) 50
5) 90
6) 30
7) 18
8) no
9) $1/3$
10) C
11) 10.50pm
12) 5
13) 112
14) 50mins
15) 49

Test 17
1) no
2) 145, 135
3) 9
4) 75
5) $3/8$
6) 0.5
7) 40
8) a) 4 b) 26
9) 6
10) 05:45
11) 520
12) 4
13) 71
14) 2
15) $3/4$

Test 18
1) 1,125
2) 31
3) 45
4) $5/8$
5) 5
6) 12
7) 160

8) 60
9) 92
10) 17
11) 66
12) no
13) 2hrs 15mins
14) 12
15) 4

Test 19
1) 300
2) 80
3) no
4) 83
5) 2,996
6) 180
7) 5.20pm
8) 311
9) yes
10) 8
11) $1/5$
12) 128
13) 48
14) 37
15) 2, 5, 13

Test 20
1) $1/12$
2) 9
3) right angles
4) A = 4; B = 6
5) 1,150
6) 50
7) 3
8) Saturday
9) 27
10) 2,065
11) yes
12) August
13) 28
14) 216
15) 21

Answers

Key Stage 2 Maths
Year 3/4 Testbook 1

Test 21
1) 0.75
2) 1, 3, 7, 21
3) 5
4) no
5) 2.35pm
6) A = 6; B = 9
7) acute
8) 11, 17
9) 0.25
10) ¼
11) 1,050
12) 900 or 9 hundreds
13) 1, 2, 4, 7, 14, 28
14) 60
15) 120

Test 22
1) 114
2) Sunday
3) 24
4) 4,005
5) 0.2
6) 7
7) 90
8) e.g. 2, 4, 6
9) 5
10) 1
11) 1
12) 4
13) A = 7; B = 11
14) 36
15) 17

Test 23
1) one thousand, two hundred and thirty
2) 98
3) 0.75
4) 5
5) 915
6) 30
7) 1,511
8) 42
9) 9,732
10) 52
11) 580
12) 9
13) 8
14) 90
15) 53, 55, 57, 59, 61, 63

Test 24
1) 531
2) 1, 2, 3, 4, 6, 8, 12, 24
3) 98
4) 9
5) 1979
6) 5
7) 4
8) 2.66
9) 325
10) yes
11) 12
12) 8
13) 10.38am
14) 1⁷⁄₁₀
15) 40

Test 25
1) 13, 23
2) 96
3) 2.1
4) 24
5) a) blue b) 25
6) Saturday
7) yes
8) 14
9) 37
10) C
11) 12
12) 24
13) 52
14) 2,106
15) 5

Test 26
1) 11
2) D
3) 2 & 17
4) 37
5) 300
6) 168
7) A = 11; B = 10
8) 61
9) 47
10) 36
11) 850
12) 2
13) 49
14) 1977
15) isosceles

Test 27
1) 8,000
2) 21
3) 8
4) 7.25
5) 4.10pm
6) 20mins
7) 64
8) 252
9) 132
10) 10
11) 1,389
12) 4
13) 18
14) 07:50
15) 60

Test 28
1) 25
2) 125
3) 81
4) 5.45pm
5) a) orange b) no
6) 1.1
7) 18
8) 92
9) 9
10) 1, 5, 25
11) 60
12) 2½
13) 72
14) 08:35
15) 5

Test 29
1) 18
2) 15
3) a) no
    b) watching TV
4) 4
5) 11
6) 7
7) 92
8) 0.9 or 9-tenths
9) 150
10) 27
11) 4
12) 45
13) 80
14) 45
15) 60 or 6 tens

Test 30
1) 185
2) 36
3) 6
4) 9
5) yes
6) 9
7) 1,636
8) 49
9) a) 12 b) 11
10) E
11) 87,431
12) 72
13) 15
14) 8,000
15) e.g. 4, 8, 12

© 2011 Stephen Curran

Key Stage 2 Maths
Year 3/4 Testbook 1

Answers

Test 31
1) 216
2) 2.3
3) 1, 2, 3, 5, 6, 10, 15, 30
4) 9
5) 120
6) 128
7) 125
8) 06:40
9) 32
10) 87
11) $6\frac{1}{2}$
12) 9.50am
13) 35
14) 46
15) 54

Test 32
1) 7, 19
2) a) grapes
   b) pears
3) 24
4) 91
5) 3,000
6) 36
7) 1,120
8) 80
9) 6
10) $^3/_{10}$ or 3-tenths
11) 2.4
12) 330mins
13) 9
14) 1,362
15) 64

Test 33
1) 8,000
2) 16
3) 108
4) 49
5) e.g. 7, 14, 21
6) 22:40
7) 91
8) L, T
9) 11
10) 30
11) cylinder
12) 21
13) 19
14) 56
15) 42

Test 34
1) 24
2) 7
3) 4
4) 9.9
5) 38
6) 1,042
7) 122
8) 13,579
9) 58
10) 29
11) 8, 16
12) 80 or 8 tens
13) 20
14) 13
15) 3 rem. 3

Test 35
1) 0.4 or $^2/_5$
2) 770
3) 1 and 24 or
   2 and 12 or
   3 and 8 or
   4 and 6
4) 78
5) 7.45am
6) 1,196
7) 40
8) cuboid
9) 72
10) 144
11) $7\frac{1}{2}$hrs
12) 34
13) 1,982
14) 29
15) 48

Test 36
1) no
2) false
3) 90 or 9 tens
4) 60hrs
5) 168
6) 28
7) 17
8) |||| |||| |||| ||||
   |||| |||| |||| |||
9) Wednesday
10) 104
11) 9
12) 7,400
13) 20
14) 378
15) 154

PROGRESS CHARTS

Test	Mark	%
1		
2		
3		
4		
5		
6		
7		
8		
9		
10		
11		
12		
13		
14		
15		
16		
17		
18		

Test	Mark	%
19		
20		
21		
22		
23		
24		
25		
26		
27		
28		
29		
30		
31		
32		
33		
34		
35		
36		

© 2011 Stephen Curran

CERTIFICATE OF
ACHIEVEMENT

This certifies

_____

has successfully completed

Key Stage 2 Maths
Year 3/4
TESTBOOK 1

Overall percentage score achieved [ ] %

Comment _____

_____

Signed _____
(teacher/parent/guardian)

Date _____